MAX PRINET

UN ARMORIAL INACHEVÉ
DU
BAILLIAGE DE SENLIS
(XIVe SIÈCLE)

Extrait de la *Bibliothèque de l'École des chartes*,
Année 1929, t. XC

PARIS
1930

MAX PRINET

UN ARMORIAL INACHEVÉ

DU

BAILLIAGE DE SENLIS

(XIVe SIÈCLE)

Extrait de la *Bibliothèque de l'École des chartes*,
Année 1929, t. XC

PARIS
1930

UN ARMORIAL INACHEVÉ

DU

BAILLIAGE DE SENLIS

(XIVe SIÈCLE)

Le registre qui porte aujourd'hui la cote P 146, aux Archives nationales, renferme, en sa première partie[1], la transcription, exécutée, à la Chambre des comptes, dans le dernier quart du xive siècle, de dénombrements présentés au Roi pour les fiefs du bailliage de Senlis. En marge, le greffier de la Chambre a fait dessiner et peindre les blasons de plusieurs des vassaux et arrière-vassaux mentionnés dans les textes. C'est là une illustration fort analogue à celle du célèbre livre des aveux du comté de Clermont-en-Beauvaisis, dont l'original a disparu[2], mais dont nous conservons des copies[3]. Dans un cas comme dans l'autre, les armoiries ont été représentées de manières différentes, suivant le rang de leurs propriétaires. Dans notre registre, les blasons des chevaliers bannerets figurent sur des bannières rectangulaires ; ceux des chevaliers bacheliers, sur des pennons triangulaires ; ceux des écuyers, sur des écus ; ceux des roturiers, sur des cœurs. Dans le registre de Clermont, les mêmes différences caractéristiques sont observées, sauf en ce qui touche les chevaliers bacheliers, lesquels ont leurs armes sur un écu, avec un pennon d'or, non armorié, accolé audit écu.

1. Fol. 1-93.
2. Il a sans doute été détruit dans l'incendie de la Chambre des comptes, en 1737.
3. Archives nationales, KK 1093. Bibliothèque nationale, manuscrit français 20082. C'est à cette dernière copie que je renverrai. — Il existe, en outre, à la Bibliothèque nationale (ms. fr. 5934) un recueil d'armoiries extraites du même livre.

Nous ne trouvons que vingt et un blasons ainsi figurés[1]. On avait préparé le registre de manière à pouvoir étendre l'illustration héraldique à tous les aveux transcrits ; mais elle n'a été exécutée qu'en ce qui concerne les fiefs de Mello[2], de Mouchy-le-Châtel[3], d'Offémont[4], de Thourotte[5] et d'autres lieux de la région de Compiègne. Encore est-elle restée fort incomplète pour quelques-unes de ces seigneuries. Des blasons représentés, cinq sont simplement tracés au trait ; les seize autres sont coloriés.

Aucun des textes n'est daté, mais l'un d'eux est la copie, quelque peu abrégée, d'un document dont l'original s'est conservé[6]. C'est l'aveu de Renaud de Trie, daté du 15 mai 1375. Tous les dénombrements sont approximativement de la même époque : plusieurs personnages sont nommés à la fois dans le texte de 1375 et dans les textes non datés, et d'autres se retrouvent mentionnés dans le livre des aveux de Clermont qui a été commencé vers 1374[7] et continué dans les années suivantes[8].

Notre petit armorial a été signalé par Alexandre Bruel, en 1888[9]. Depuis, M. Paul Guynemer a donné la reproduction de la plupart des blasons[10]. Aucun travail critique n'a été, que je sache, consacré jusqu'ici à ce recueil héraldique que son ancienneté recommande à notre attention. Il m'a paru mériter une description détaillée et quelques commentaires. J'examinerai les armoiries dans l'ordre où elles se présentent.

1. L'un d'eux est représenté deux fois.
2. Oise, cant. de Creil.
3. Oise, cant. de Noailles.
4. Oise, cant. d'Attichy, comm. de Saint-Crépin-aux-Bois.
5. Oise, cant. de Ribécourt.
6. Arch. nat., P 30[3], n° CCVIII.
7. La plus ancienne date précise qu'on y trouve est celle d'un arpentage de la forêt de Hez, « commencé le mardi VIIe jour du mois de mars l'an mil CCC LXXIII », c'est-à-dire 1374 (n. st.). Les auteurs ont souvent donné la date de 1373, négligeant de faire la correction nécessaire.
8. A. de Marsy, *Le terrier du comté de Clermont*, dans les *Mémoires de la Société académique de l'Oise*, t. VI, p. 600 et suiv. — Comte de Luçay, *Le comté de Clermont en Beauvoisis*, dans la *Revue nobiliaire*, 1876-1877.
9. *Bulletin de la Société de l'histoire de Paris et de l'Ile-de-France*, t. XV, p. 79, 104.
10. *La seigneurie d'Offémont*, pl. VII et VIII.

1° Messire Jehan de Neelle, chevalier, seigneur d'Offémont et de Mello. — Seigneurie de Mello.

Bannière. *De gueules semé de trèfles d'or à deux bars adossés du même.*

Jean de Nesle, fils de Guy de Nesle, maréchal de France, et de Jeanne de Bruyères, mourut le 1er novembre 1388[1]. Il fut enterré à l'abbaye d'Ourscamps[2]. Il avait épousé Ade de Mailly, veuve d'Aubert de Hangest, laquelle se remaria à Guy de Laval, seigneur d'Attichy[3], en troisièmes noces[4].

Son père ayant été tué au combat de Mauron[5], le 14 août 1352[6], Jean de Nesle porta de bonne heure, comme chef de famille, le blason plain de sa maison, tel qu'il est peint dans notre recueil. On a des sceaux de lui qui sont ainsi armoriés et des sceaux de sa femme qui offrent les mêmes armes parties des trois maillets de Mailly[7]. On trouve sous les mêmes formes les blasons de Jean de Nesle et d'Ade de Mailly, dans le registre des aveux de Clermont[8].

L'*Armorial* du temps de Charles V, attribué au héraut Navarre, renferme les articles suivants :

« Le sire de Nesle, *de gueules a deux bars d'or, l'escu treffilié d'or* ;

« Le sire d'Aufémont, *semblablement a une coquille d'azur sur le premier vair*[9]. »

1. P. Anselme, *Histoire généalogique*, t. VI, p. 51. — La date de sa mort était inscrite sur son tombeau, dont le dessin a été conservé par Gaignières (Bibl. nat., Cabinet des Estampes, Pe 3, fol. 24. — L. Guibert, *Les dessins d'archéologie de R. de Gaignières*, 1re série, n° 1113. Cf. Peigné-Delacourt, *Histoire de l'abbaye de Notre-Dame d'Ourscamp*, p. 51, pl. — Guynemer, *op. cit.*, p. 38 et suiv.

2. Oise, cant. de Ribécourt, comm. de Chiry-Ourscamps.

3. Oise, ch.-l. de cant.

4. Du Chesne, *Histoire généalogique de la maison de Montmorency*, p. 656. — P. Anselme, *op. cit.*, t. III, p. 654 ; t. VI, p. 51 et 745. — Guynemer, *op. cit.*, p. 42, 134, pl. VI.

5. Morbihan, ch.-l. de cant.

6. Froissart, *Chroniques*, édit. Luce, t. IV, p. XLIX, 128.

7. Demay, *Inventaire des sceaux de la collection Clairambault*, n° 6703. — Ledru, *La maison de Mailly*, t. I, p. 93-95. — Guynemer, *op. cit.*, p. 40, pl. XI.

8. Comte de Luçay, *Le comté de Clermont en Beauvoisis*, dans la *Revue nobiliaire*, 1877, p. 381. — Ledru, *loc. cit.*

9. *Armorial de France du XIVe siècle*, publ. par Douët d'Arcq, nos 920, 921. Voir l'article que j'ai publié sous ce titre : *Recherches sur la date du plus ancien armorial français*, dans le *Bulletin archéologique*, en 1915.

Il faut corriger *vair* en *bar* et observer que, depuis 1302[1], il n'y avait plus de « sire de Nesle » portant l'écu aux deux bars sur champ tréflé. A l'époque où fut rédigé l'*Armorial* du héraut Navarre, les seigneurs d'Offémont étaient devenus les aînés de la famille de Clermont-Nesle et en portaient les armes plaines, comme il se voit par les sceaux et par les blasons peints[2].

Le *Wapenboek* du héraut Gelre donne deux fois le blason *de gueules semé de trèfles d'or, à deux bars adossés du même :* une fois au nom du *comte* de Nesle, une fois au nom du sire de « Fenon[3] ». Ajoutons qu'un *Armorial* du commencement du xve siècle contient la mention suivante[4] :

« Les armes de Neelle. Se les porte le sire d'Aufémont. *De gueles a .II. bars d'or, trifflet d'or.* »

2° Messire Hue de Chastillon, seigneur de Dempierre. — Fief à Merlemont[5].

Bannière. *Palé de gueules et de vair, au chef d'or chargé de deux lions léopardés de sable affrontés.*

Hue (ou Hugues) de Châtillon, chevalier, seigneur de Sompuis[6], puis de Dampierre[7], Rollencourt[8], etc., fils de Jean de Châtillon, seigneur de Dampierre, et de Marie de Rollencourt, devint, au plus tard en 1364, grand maître des arbalétriers de France. Il épousa, en 1362, Agnès de Séchelles, veuve de Jean Tyrel, sire de Poix[9], laquelle était veuve pour la seconde fois en 1390[10].

Ses sceaux, qui sont nombreux[11], portent trois pals de vair

1. A la mort du connétable Raoul de Clermont-Nesle, tué à la bataille de Courtrai, qui ne laissa que des filles (P. Anselme, *op. cit.*, t. VI, p. 48).
2. Voir la généalogie des Clermont-Nesle donnée par le P. Anselme (*op. cit.*, t. VI, p. 48-53).
3. Édit. Bouton, t. III*, pl. XXXVIII et XXXIX, p. 64 et 103.
4. Bibl. nat., ms fr. 32753, p. 86.
5. Oise, cant. de Noailles, comm. de Warluis.
6. Marne, ch.-l. de cant.
7. Dampierre-le-Château, Marne, cant. de Dommartin-sur-Yèvre.
8. Pas-de-Calais, cant. du Parc.
9. Somme, ch.-l. de cant.
10. Du Chesne, *Histoire de la maison de Chastillon-sur-Marne*, p. 384-390. — P. Anselme, *Histoire généalogique*, t. VI, p. 112 ; t. VIII, p. 46.
11. Douët d'Arcq, *Collection de sceaux des Archives nationales*, n° 1797. — Demay, *Inventaire des sceaux de la collection Clairambault*, n°s 2333-2337. — Roman, *Inventaire des sceaux de la collection des Pièces originales*, n° 2990.

et un chef chargé de deux lions passants. On retrouve le même blason, à son nom, dans le livre des aveux du comté de Clermont[1] et dans l'*Armorial* du héraut Navarre[2]. Dans l'*Armorial* de la première moitié du XVe siècle[3], ces armes figurent comme celles du « sire de Dampierre ». C'est le blason des seigneurs de Châtillon-sur-Marne[4] : *de gueules à trois pals de vair et au chef d'or*, avec une brisure (deux lions passants) sur le chef. Dans notre registre, on a peint un palé au lieu de trois pals. C'est une variante connue par d'autres exemples[5].

3° MESSIRE HUE DE CLARY. — Fief à Brasseuse[6].
Bannière. *D'argent à la fasce d'azur.*

Hue (ou Hugues), seigneur de Clary en Cambrésis[7], conseiller et chambellan du Roi, avait épousé, avant 1367, Jeanne de Mailly. Elle lui donna une fille, Marie, dame de Mézerolles[8], qui était sous la tutelle de son père en 1372, et qui épousa Henri d'Antoing[9].

Il semble bien que Hue de Clary soit ce « sire de Clary » qui jouta contre Pierre de Courtenay, chevalier anglais, sous les murs de Calais[10], et qui blessa grièvement son adversaire, en 1383, peu après le 14 juillet[11].

1. Bibl. nat., ms. fr. 20082, p. 326 ; Cabinet des Estampes, Oa 12, fol. 8. — Montfaucon, *Les monumens de la monarchie françoise*, t. III, pl. XI. — Luçay, *Revue nobiliaire*, 1877, p. 393.
2. N° 644.
3. Bibl. nat., ms. fr. 32753, p. 66.
4. Marne, ch.-l. de cant.
5. M. Prinet, *Armoiries françaises et allemandes décrites dans un ancien Rôle d'armes anglais*, nos 9 et 11, dans le *Moyen âge*, 1923, p. 228 et 229.
6. Oise, cant. de Pont-Sainte-Maxence.
7. Nord, ch.-l. de cant.
8. Somme, cant. de Bernaville.
9. Ledru, *La maison de Mailly*, p. 240, n. 3.
10. *Chronique du religieux de Saint-Denis*, édit. Bellaguet, t. I, p. 397. — *Chronographia regum Francorum*, publ. par Moranvillé, t. III, p. 54. — Froissart, *Œuvres*, édit. Kervyn de Lettenhove, t. XIV, p. 44 et 51.
Le prénom de ce Clary n'est pas donné par les chroniques. Aussi les commentateurs ont-ils hésité entre divers membres de la famille. Mais les textes sont d'accord pour désigner l'adversaire de Courtenay comme « sire de Clary » ; or, à cette époque, le sire de Clary était Hue.
11. La joute se fit quelques jours après celle du même Courtenay contre Guy de la Trémoïlle, qui avait eu lieu à Paris le 14 juillet 1383 (*Chronique des règnes de Jean II et de Charles V*, publ. par Delachenal, t. III, p. 53-55. — *Chronographia, loc. cit.*).

Les sceaux de Hue de Clary, en 1373 et 1383[1], portent un écu à la fasce. Sur ceux de plusieurs de ses parents, on voit également une fasce[2]. Les émaux du blason (champ d'*argent*, fasce d'*azur*) sont donnés par les armoriaux[3] et se trouvent peints dans le livre des aveux de Clermont-en-Beauvaisis, en regard des noms de Griffon de Clary (qui brisait les armes de sa famille d'*un écusson de gueules au lion d'or, placé au canton dextre du chef*[4]), et de Baudouin de Clary (qui brisait de *trois merlettes de sable rangées en chef*[5]).

4° Messire Regnault de Montgreusin. — Fief à Balagny-sur-Thérain[6].

Pennon. *Cinq points de gueules équipollés à quatre d'or.*

Il s'agit d'un seigneur de Montgrésin, aujourd'hui hameau de la commune d'Orry-la-Ville[7]. Renaud de Montgrésin, chevalier, était, en 1370 et 1375, seigneur de Balagny-sur-Thérain, vassal de Charles de Soyecourt et arrière-vassal de Renaud de Trie[8] ; il tenait, en outre, au nom de sa femme, un fief à Cuise[9], relevant d'Offémont[10]. En 1401, il est dit vassal du seigneur de Chantilly pour la terre de Montgrésin[11].

Le décor héraldique peint sur notre manuscrit paraît bien représenter des points équipollés. Mais la forme du pennon, longue bande triangulaire, se prêtait mal au dessin d'un tel blason ; les quatre points d'or sont, en réalité, mis en croix,

1. Demay, *Sceaux de la collection Clairambault*, n° 2555. — Roman, *Sceaux des Pièces originales*, n°s 3172, 3173.
2. Demay, *op. cit.*, n°s 2556-2558.
3. *Armorial* du héraut Berry, publ. par Vallet de Viriville, n° 1873. — Le Charpentier, *Histoire généalogique des Païs-Bas*, p. 401-403. — Louvet, *Anciennes remarques de la noblesse beauvaisine*, t. I, p. 342.
4. Bibl. nat., ms. fr. 20082, p. 183, 184, 195, etc. — Luçay, *Revue nobiliaire*, 1877, p. 253, 394.
5. Bibl. nat., ms. fr. 20082, p. 361.
6. Oise, cant. de Neuilly-en-Thelle.
7. Oise, cant. de Senlis.
M. E. Dupuis a publié, en 1897, dans les *Mémoires du Comité archéologique de Senlis*, une notice historique intitulée *Le hameau de Montgrésin*. Il n'a pas connu notre personnage.
8. Arch. nat., P 30[3], n° CCVIII. — Bibl. nat., ms. lat. 11001, fol. 16 v°. — Docteur V. Leblond, *Notes pour le nobiliaire du Beauvaisis*, t. II, p. 49 et 509.
9. Cuise-la-Motte, Oise, cant. d'Attichy.
10. Arch. nat., P 146, fol. 39 v°.
11. Arch. nat., P 27[1], n° LXII.

au milieu d'un champ de gueules. En langage géométrique, on dirait que ce sont « quatre carrés construits sur des directrices perpendiculaires et formant ensemble une croix à branches égales ».

5° MESSIRE ERNOUL DE GAVRE. — Fief à Dieudonne[1].

Bannière. *D'or au chevron de gueules, au trescheur de sinople sur le tout.*

Aux XIVe et XVe siècles, les seigneurs d'Escornaix[2], de la maison de Gavre, ont porté héréditairement le prénom d'Arnoul.

Un Arnoul de Gavre, seigneur d'Escornaix, s'empara d'Audenarde sur les Gantois, en 1384, et signa, l'année suivante, la paix de Tournai, conclue entre le duc de Bourgogne et ces mêmes Gantois[3]. Faute de dates précises, je ne sais si c'est de lui ou de son père qu'il s'agit ici.

Arnoul de Gavre possédait à Dieudonne, outre le fief dont il est ici question, un domaine relevant de l'abbaye de Saint-Denis[4]. Il avait encore des biens dans la même région : à Morcourt-sur-Somme[5], à Renouval[6] et (au nom de son fils Arnoul) à Lardières[7].

A cause de cette dernière terre, ses armes ont été peintes dans le registre des aveux du comté de Clermont[8]; elles y figurent comme elles sont ici, avec cette différence que le trescheur y est d'*azur* ou de *sable*[9] et non de *sinople*. Mais c'est le sinople que l'on trouve dans les peintures anciennes, comme celles que renferment le *Wapenboek* du héraut Gelre[10] et l'*Armorial équestre*, publié par Lorédan Larchey[11]. Le héraut

1. Oise, cant. de Neuilly-en-Thelle.
2. Schoorisse, en flamand, Belgique, Flandre orientale, arr. d'Audenarde.
3. Goethals, *Dictionnaire des familles nobles de Belgique*, au mot *Gavre*.
4. Bibl. nat., ms. fr. 31926, fol. 79 v°.
5. *Ibid.*, fol. 80. Le fief de Morcourt (Somme, cant. de Bray-sur-Somme) relevait de l'abbaye de Corbie.
6. Seine-et-Oise, cant. de l'Isle-Adam, comm. de Ronquerolles (Douët d'Arcq *Recherches historiques et critiques sur les anciens comtes de Beaumont-sur-Oise* p. 195).
7. Oise, cant. de Méru.
8. Bibl. nat., ms. fr. 20082, p. 133. — Luçay, *op. cit.*, p. 391. Cf. Louvet, *Anciennes remarques*, p. 497.
9. De *sable* dans la copie des Archives nationales (KK 1093, fol. 372).
10. Édit. Bouton, t. VI, p. 192, pl. d'armoiries XCI.
11. Pl. LXXXIII.

Navarre décrit le blason du « sire d'Escornez » en ces termes : « *d'or a un quevron de gueules, a un double trancheour vert florey*[1] ». Il faut évidemment traduire *trancheour* par *trescheur.*

Les sceaux des Gavre, seigneurs d'Escornaix, présentent le chevron brochant sur le trescheur, tandis que notre manuscrit et le livre des aveux de Clermont offrent la disposition contraire.

Dans ce blason, il faut voir les armes primitives de la maison de Gavre, connues dès le XIIe siècle. Elles consistaient en un trescheur et elles ont été modifiées par la branche d'Escornaix qui y a ajouté une brisure : le chevron. Le trescheur a été considéré comme figurant une couronne, un « chapelet » de fleurs et de feuillage. Celui que les Gavre avaient dans leur blason est rappelé par leur cri de guerre : « Gavre au chapelet ! », et on y a rattaché une légende de leur famille[2]. Ils ont eu encore deux blasons différents : 1° *de gueules à trois lions d'argent;* 2° *d'or au lion de gueules, à la bordure engrêlée de sable.* Les trois lions se trouvent, dès 1237, sur le sceau de Rasse VI, seigneur de Gavre ; ils paraissent reproduire les armes de la maison de Chièvres. Le lion à la bordure engrêlée passait pour le blason de Roland, le héros de Roncevaux ; il a été pris par Jean de Gavre, qui périt à la bataille de Furnes, en 1297, et différentes légendes se sont formées sur les motifs de ce changement d'armoiries[3].

Dans l'*Armorial* du XVe siècle déjà cité, on lit les trois descriptions suivantes[4] : 1° « Les armes de Gavres : *d'or a tressoir de sinoppe double, floreté.* Et crie : Gavres a chappelet ! »

1. Édit. Douët d'Arcq, n° 1201. — On a imprimé : « le sire des Cornez ».
2. *Histoire des seigneurs de Gavres, roman du XVe siècle*, publié par Van Dale.
3. Douët d'Arcq, *Collection de sceaux des Archives de l'Empire*, nos 10380, 10394-10400. — Demay, *Inventaire des sceaux de la Flandre*, nos 921-934. — J.-Th. de Raadt, *Sceaux armoriés des Pays-Bas*, t. I, p. 436, 477, 478, pl. CIII, CXXXVI, CXCVIII, CC. — Gelre, *Wapenboek*, édit. Bouton, t. VI, p. 238, 253, pl. d'armoiries, XCIII, XCIV, pl. de sceaux, XVI, XVII, XIX, XX, XXXI, XXXIII. — *Ancien Armorial équestre*, publ. par Larchey, pl. LXXXIII, LXXXVI. — Goethals, *article cité.* — Comte de Limburg-Stirum, *Le château de Gavre*, dans le *Messager des sciences historiques de Belgique*, 1875, p. 156. Du même, *Les sceaux de la famille de Gavre*, dans le recueil intitulé : *Congrès international de numismatique, organisé et réuni à Bruxelles* (en 1891), p. 225-250. — F. de Potter et Broeckaert, *Geschiedenis van de gemeenten der provincie Oost-Vlaanderen*, 1re série (arr. de Gand), 3e partie, p. 20 et suiv.
4. Bibl. nat., ms. fr. 32753, p. 100.

2° « Les armes de Gavres depuis : *de gueles a .III. lions d'argent coronez d'or.* Et crie : Gavres a chappelet ! » 3° « Depuis les armes de Gavres : les armes Rolant. Et crie : Gavres au chappelet[1] ! » Plus loin sont inscrites « les armes du bon roy Charlemaine le grant et de ses .XII. pers », entre autres, celles de Roland : « *d'or a un lion de gueles, coronez d'azur, a la bordure de sable dentee* »[2].

6° MESSIRE PIERRE DE HANGEST. — Fief à Mello.

Pennon. *Échiqueté d'argent et d'azur, à la croix de gueules sur le tout.*

Les armes de Pierre de Hangest sont données d'une manière un peu différente dans le livre des aveux de Clermont[3], où ce seigneur est inscrit pour les fiefs qu'il tenait à Breuil-le-Sec[4] et à Ansacq[5] au nom de sa femme, veuve du seigneur d'Argenlieu[6]. Elles y figurent comme *échiquetées d'argent et de sable, à la croix de gueules sur le tout.* Sur un vitrail de l'église de Saint-Waast-sur-Verberie[7], le champ était, paraît-il, *échiqueté d'argent et de sable* et la croix *d'argent*, et sur une litre de la même église, on voyait, en 1640, l'écu écartelé aux 1er et 4e de Hangest-Genlis, aux 2e et 3e, *échiqueté d'argent et de sable à la croix d'argent*[8]. Nous constatons par là que les Hangest-Argenlieu, issus de Pierre, ont voulu se rattacher aux Hangest-Genlis, plus célèbres qu'eux, dont nous aurons à parler.

Le sceau de Pierre de Hangest, apposé à une quittance du 5 septembre 1380[9], porte un écu à la croix sur champ échiqueté.

1. Vient ensuite le blason du « sire de Liedequerque : *de gueles a .III. lions d'or, coroné d'argent.* Et crie : Gavres au chappelet ! » Ce sire de Liedekerke est aussi un Gavre.

2. *Ibid.*, p. 156.

3. Bibl. nat., ms. fr. 20082, p. 405, 406 et 418. — Luçay, *op. cit.*, p. 347, note 9.

4. Oise, cant. de Clermont.

5. Oise, cant. de Mouy.

6. Oise, cant. de Clermont, comm. d'Avrechy.

7. Saint-Vaast de Longmont, Oise, cant. de Pont-Sainte-Maxence.

8. Bibl. nat., Cabinet d'Hozier 184, dossier 4681, fol. 6 v°-7 v°.

9. Bibl. nat., Clairambault 57, p. 4355. — Demay, *Sceaux de la collection Clairambault*, n° 4444.

7º LES HOIRS DE FEU MESSIRE HAVOT DE FRESNOY. — Fief à Neuilly-en-Thelle.

Pennon. *D'argent au lion passant de gueules.*

Jean de Fresnoy, dit Havet, fils de Gervais, chevalier, qui lui donna la seigneurie de Fresnoy-en-Thelle [1], le 22 novembre 1343, à l'occasion de son premier mariage, eut deux femmes : Agnès de Villette et Guillemette de Fayel. Ses fils Guérard, Jean et Perret et sa fille Jeanne partagèrent sa succession le 8 juin 1389 [2].

Les armes des seigneurs de Fresnoy-en-Thelle étaient *d'argent au lion de gueules.* Havet de Fresnoy, chevalier, d'après le livre des aveux de Clermont, brisait d'un lambel d'azur. Berthaud et Jean de Fresnoy, dans le même recueil, ont le lion de gueules sur champ d'*hermine;* le second de ces personnages porte le lion couronné et un bâton d'azur brochant sur le tout [3].

L'*Armorial* du XVᵉ siècle, que j'ai déjà cité, décrit le blason du seigneur « du Franoit » en ces termes : *d'argent au lion de gueles a le queuhe fourquiee* [4].

Si, dans notre manuscrit, le lion a été représenté *passant,* c'est sans doute parce que cette position s'adaptait bien au champ à remplir, celui du pennon, peu haut et très large.

D'autre part, la pierre tombale de Berthaud de Fresnoy, mort en 1392, qui est conservée au musée de Beauvais, est armoriée d'un sautoir et d'un lambel [5]. Or, ce Berthaud paraît bien le même que celui qui figure dans les aveux du comté de Clermont ; il serait, d'après les généalogies qui semblent sérieuses, le frère puîné de Jean, dit Havet [6]. De même, un blason au sautoir décorait la dalle funéraire effi-

1. Oise, cant. de Neuilly-en-Thelle.

2. Bibl. nat., Cabinet d'Hozier 151, dossier 3881, fol. 9.

3. Bibl. nat., Pièces originales 1247, dossier 27909, p. 45 ; ms. fr. 20082, p. 341, 377 et 541. — Luçay, *op. cit.*, p. 332, 401. Cf. Louvet, *Anciennes remarques*, t. I, p. 685.

4. Bibl. nat., ms. fr. 32753, p. 5.

5. Comte des Méloizes, *La pierre tombale de Berthaut de Fresnoy et de Philippe des Champs, au musée de Beauvais*, dans le recueil du *Congrès archéologique* de 1905, p. 523.

6. Bibl. nat., Pièces originales 1247, dossier 27908, pièce 248 ; Dossiers bleus 293, dossier 7439, *passim ;* Cabinet d'Hozier, *loc. cit. ;* Nouveau d'Hozier 144, dossier 3167, fol. 13.

giée d'un Gervais de Fresnoy (*Gervasius de Fresneio*), inhumé au cloître de Royaumont. L'épitaphe était sans date, mais le costume du défunt était celui du XIIIe siècle [1]. Sur le sceau de Pierre de Fresnoy, écuyer du bailliage de Senlis, apposé en 1339, on voit un sautoir chargé de cinq coquilles (comme brisure) [2]. Je ne cite que des monuments du moyen âge [3]. La même famille portait-elle, à la même époque, deux blasons différents? S'agit-il, malgré les apparences, de deux familles distinctes? Je ne sais.

8° CHARLE D'AUMONT, escuier. — Fief à Balagny-sur-Thérain.

Écu. *D'argent au chevron de gueules accompagné de neuf merlettes de sable : 6 en chef (4 et 2) et 3 en pointe (1 et 2).*

Charles d'Aumont [4], écuyer, fils puîné de Jean d'Aumont, écuyer, huissier d'armes du Roi, concierge du Palais, et d'Agnès, dite Jeanne, Baillif, fut, comme son père, concierge du Palais et remplit cette fonction depuis 1341 [5]. Il tenait, en 1375 [6], des fiefs mouvant de la seigneurie de Mouchy-le-Châtel, à Crèvecœur [7], à Parfondeval, à Sainte-Geneviève et au Coudray-Belle-Gueule [8].

Dans les armes de la famille d'Aumont, le nombre et la disposition des merlettes ont varié. Le type qui s'est perpétué comporte sept merlettes : 4 en chef (2 et 2) et 3 en pointe (1 et 2). Ailleurs, on en trouve, comme ici, neuf, réparties de diverses manières [9].

1. Cette tombe, qui a disparu, nous est connue par un dessin de la collection Gaignières (Bibl. nat., Cabinet des Estampes, Pe 1 n, fol. 21).

2. Demay, *Inventaire des sceaux de la collection Clairambault*, n° 3841.

3. Les armoriaux modernes attribuent aux Fresnoy un blason *d'or au sautoir de sable*.

4. La maison d'Aumont, qui est devenue ducale au XVIIe siècle et s'est éteinte en 1888, tirait son nom d'un fief situé dans le territoire de la commune actuelle de la Neuville d'Aumont (Oise, cant. de Noailles).

5. Bibl. nat., Nouveau d'Hozier 17, dossier 348, fol. 3. — P. Louvet, *Anciennes remarques*, p. 53. — P. Anselme, *Histoire généalogique*, t. IV, p. 871.

6. Arch. nat., P 30[1], n° CCVIII. — Bibl. nat., Dossiers bleus 41, dossier 945 fol. 87. — Dr V. Leblond, *Notes pour le nobiliaire du Beauvaisis*, t. I, p. 32.

7. Oise, cant. de Noailles, comm. de la Boissière.

8. Ces trois localités sont au canton de Noailles, comme les précédentes.

9. Demay, *Inventaire des sceaux de la collection Clairambault*, nos 412-426. — Roman, *Inventaire des sceaux des Pièces originales*, nos 619-623 (les merlettes de la pointe qui toutes, dans cet inventaire, sont dites disposées 2 et 1, sont, au

Charles, comme nous le voyons par son sceau, dont nous avons des exemplaires (incomplets) du 13 novembre 1340 et du 2 août 1341[1], brisait alors d'un lambel le blason de sa famille.

9° Messire Jehan Barnier, chevalier. — Fief à Mello.
Pennon. *D'azur à trois aiglettes d'argent.*

Jean Bernier paraît dès 1351 avec le titre de conseiller du Roi[2]. Institué prévôt de Paris le 18 mai 1361, il fut remplacé en cet office par Hugues Aubriot, le 3 septembre 1367[3]. Il était, dès 1367, maître des requêtes de l'Hôtel et, vers le mois de décembre 1370, il devint gouverneur du comté de Ponthieu[4]. Nommé maître des comptes, il fut reçu par la Chambre en cette qualité, le 15 septembre 1374. Au mois d'octobre suivant, Charles V le choisit pour l'un des membres du conseil de régence[5]. Sous Charles VI, il devint réformateur des eaux et forêts ; s'étant démis de ces fonctions pour raison de santé[6], il devint sénéchal de Beaucaire et de Nîmes[7]. Le 7 mai 1368, il avait acheté la terre de Rambouillet, que son fils Guillaume Bernier échangea, le 12 mai 1384[8], contre le domaine de Buzenval en la paroisse de Rueil[9].

Les sceaux employés par Jean Bernier dans sa jeunesse sont blasonnés de trois aiglettes et d'une bordure engrêlée[10] ;

contraire, pour la plupart 1 et 2). Bibl. nat., ms. fr. 20082, p. 177, 536. — Gelre, *Wapenboek*, édit. Bouton, t. III*, pl. d'armoiries XL et p. 147, et pl. de sceaux, XIV. — D. T. Duplessis, *Description historique et géographique de la haute Normandie*, t. II, p. 321. — Luçay, *op. cit.*, p. 333.

1. Bibl. nat., Clairambault 8, p. 22 et 23.
2. Bibl. nat., Pièces originales 306, dossier 6680, pièces 3 et 8.
3. Dossiers bleus 88, dossier 2061, fol. 1. — E. Déprez, *Hugo Aubriot, praepositus parisiensis*, p. 6, n. 2. — *Chronique des règnes de Jean II et de Charles V*, publ. par. R. Delachenal, t. II, p. 143, n. 1.
4. Blanchard, *Les généalogies des maistres des requestes ordinaires de l'Hostel du Roy*, p. 38 et 39.
5. Bibl. nat., ms. fr. 31896, fol. 132. — Blanchard, *Ibid.* — Coustant d'Yanville, *Chambre des comptes de Paris*, p. 649.
6. Il fut remplacé, le 6 mars 1376 (n. st.), par Guillaume de Hametel (Bibl. nat., Pièces originales 306, dossier cité, p. 13).
7. *Ibid.*, p. 14, 15. — Blanchard, *loc. cit.*
8. Moutié, *Notice historique sur le domaine et le château de Rambouillet*, p. 7, 8. — Lorin, *Rambouillet*, dans les *Mémoires de la Société archéologique de Rambouillet*, t. XI, p. 287, 289.
9. Seine-et-Oise, cant. de Marly-le-Roi.
10. Pièces originales, dossier cité, p. 3 et 8.

ceux dont il a fait usage plus tard portent seulement les aiglettes[1].

On lui a attribué à tort d'autres armes[2], qui sont celles d'une famille provençale du nom de Bernier (*d'azur à trois pals d'argent, à un écusson de gueules, brochant sur le tout, chargé d'un lion d'argent, armé et lampassé de gueules*) et d'une famille normande de Bernière (*d'or à la bande d'azur, chargée de trois sautoirs d'argent et côtoyée de deux cotices de gueules*).

10° Colart Pennier. — Fief à Villers-sous-Saint-Leu[3].

Cœur. *De gueules au panier d'argent.*

On trouve[4], à la date du 31 décembre 1383, les hoirs de « Collart Pannier », cités comme tenant un fief de Jean de Gaucourt, à Villiers-le-Sec[5].

11° Messire Regnault de Trie, chevalier, seigneur de Mouchy. — Seigneurie de Mouchy-le-Châtel[6].

Pennon. *De... à la bande componée de... et de..., bordée de..., accompagnée en chef d'une merlette de...* (dessin au trait).

Renaud de Trie, dit Patrouillart, seigneur du Plessier-Billebault[7] et de Mouchy, fils de Jean de Trie, dit Billebault, épousa Jeanne de Fosseux[8].

Son sceau, apposé en 1359, porte un écu à la bande componée, accompagnée d'une merlette en chef[9]. Celui dont il se servait en 1378 et 1380 est au même blason écartelé d'une bande chargée de trois coquilles[10].

1. Pièces originales, dossier cité, p. 10, 12, 77 et 78. Cf. Roman, *Inventaire des sceaux des Pièces originales*, nos 1351 et 1352.
2. Blanchard, Coustant d'Yanville et Lorin, *loc. cit.*
3. Oise, cant. de Creil.
4. Arch. nat., P 50², n° 840.
5. Seine-et-Oise, cant. d'Écouen.
6. L'aveu se trouve en original aux Archives nationales, sous la cote P 30³, n° CCVIII.
7. Oise, cant. de Mouy, comm. d'Ansacq.
8. P. Anselme, *Histoire généalogique*, t. VI, p. 667. — Renaud de Trie était devenu seigneur de Mouchy par la donation que lui avait faite son cousin Jean de Trie, archidiacre de Châlons, le 13 juillet 1362 (*Ibid.*, p. 669).
9. Bibl. nat., Clairambault 108, p. 23 et 24. — Demay, *Inventaire des sceaux de la collection Clairambault*, n° 9092.
10. Clairambault 108, pièce 38. — Demay, *Ibid.*, n° 9093. — P. Anselme, *vol. cité*, p. 667.

Dans l'*Armorial* du héraut Navarre[1], ses armes sont décrites en ces termes : « *d'or a la bande des armes Dammartin* ». Il faut entendre que sur la bande est reproduit le blason des comtes de Dammartin, qui était *fascé d'argent et d'azur à la bordure de gueules*[2]. C'est sous cette forme que les armes de Renaud de Trie figurent, à plusieurs exemplaires, dans le livre des aveux de Clermont[3].

Les armes plaines de la maison de Trie étaient *d'or à la bande d'azur*[4]. Mathieu de Trie, seigneur dudit lieu[5] et de Mouchy-le-Châtel, fils de Jean, seigneur de Trie, et d'Alix de Dammartin, après avoir hérité, en 1259, le comté de Dammartin-en-Goëlle[6] de sa cousine germaine, Mahaut de Boulogne, portait sur son sceau les armes plaines de Trie et sur son contre-sceau deux écus, l'un de Trie et l'autre de Dammartin[7]. Ceux de ses descendants qui furent comtes de Dammartin, prirent les armes de Dammartin plaines[8]. Deux autres branches de sa postérité ont conservé la bande de Trie, mais ils l'ont faite componée d'argent et d'azur et bordée de gueules pour rappeler le blason fascé d'argent et d'azur et bordé de gueules de Dammartin. Les Trie de Mareuil portaient simplement : *d'or à la bande componée d'argent et d'azur, bordée de gueules*[9]*;* leurs puînés, les Trie du

1. N° 20.

2. *Armorial de France, composé à la fin du XIIIe siècle ou au commencement du XIVe*, publ. par M. Prinet, dans le *Moyen âge*, janvier-avril 1920, n° 33. — *Armorial* du héraut Navarre, n° 19. — Bibl. nat., ms. fr. 32753, p. 2. — *Armorial* du héraut Berry, publ. par Vallet de Viriville, n° 191. — *Ancien Armorial équestre*, publ. par L. Larchey, pl. LXXII.

3. Bibl. nat., Cabinet des Estampes, Oa 12, fol. 8 et 8 *ter.* ; ms. fr. 20082, p. 197, 416, 535. — Montfaucon, *Monumens de la monarchie françoise*, t. III, pl. XI. — Luçay, *op. cit.*, p. 253, 391.

4. P. Anselme, *Histoire généalogique*, t. VI, p. 661. — M. Prinet, *Armoiries françaises et allemandes décrites dans un ancien rôle d'armes anglais*, dans le *Moyen âge*, septembre-décembre 1923, n° 62. — *Ancien Armorial équestre*, publ. par L. Larchey, pl. LXXIII.

5. Trie-Château, Oise, cant. de Chaumont.

6. Seine-et-Marne, ch.-l. de cant.

7. Douët d'Arcq, *Collection de sceaux des Archives de l'Empire*, n° 688. — P. Anselme, *Histoire généalogique*, t. VI, p. 663. — L. Delisle, *Recherches sur les comtes de Dammartin*, p. 37 et suiv.

8. Douët d'Arcq, *Ibid.*, n°s 689-693. — Demay, *Inventaire des sceaux de la Normandie*, n° 34. — Bibl. nat., ms. lat. 5471, p. 143. — *Armorial de France*, publ. par M. Prinet, n° 60. — P. Anselme, *Histoire généalogique*, t. VI, p. 664-666. — Delisle, *op. cit.*, p. 48 et 51.

9. Demay, *Inventaire des sceaux de la Picardie*, p. 16. — Du même, *Inventaire*

Plessier-Billebault, portaient le même blason brisé d'une merlette de sable en chef. C'est ce que nous trouvons ici.

12° SIMON MARCOUL. — Fiefs à Venette[1], à Villers-sur-Coudun[2], à Compiègne et à Longueil-sous-Thourotte[3].

Écu. *De... à deux fleurs de lis de... accostées* (deux dessins au trait).

Simon Marcoul, bourgeois de Compiègne, fut huissier d'armes du roi Charles V. Au mois d'août 1387, deux de ses fils : « frère Guy Marcoul, hospitalier de l'Ordre Saint-Jehan de Jérusalem, et Perrot Marcoul, son frère, joesnes hommes, l'un de l'aage de XXII ans et l'autre de XVII ou environ », étant intervenus dans une querelle entre un de leurs valets et Jean Charmolue, fermier des religieux de Saint-Lucien de Beauvais, blessèrent mortellement le fermier. Ils obtinrent, au mois de décembre suivant, des lettres de rémission[4]. En 1402, Perrot et Raoul Marcoul tenaient un fief au même lieu que Simon, à Longueil[5]. C'étaient, sans doute, ses fils. Un autre Marcoul, Guyard, écuyer, était, en 1388, huissier d'armes du Roi ; il avait, à Beaumanoir[6], un fief relevant de l'abbaye de Saint-Denis[7]. Peut-être était-ce un quatrième fils de Simon.

13° MESSIRE GUY DE BEAUMONT. — Fief à Margny[8].

Pennon. *Gironné d'argent et de gueules de dix pièces.*

Guy de Beaumont, seigneur d'Ons-en-Bray[9], Clairoix[10], etc., fils puîné de Guy de Beaumont et d'Isabelle de Marigny[11], était capitaine de Chartres dès 1356 et portait alors

des sceaux de Clairambault, nos 9088 et 9089. — *Armorial de France*, publ. par M. Prinet, n° 26. — M. Prinet, *Armoiries françaises et allemandes*, n° 61. — Bibl. nat., ms. fr. 32753, p. 3.

1. Oise, cant. de Compiègne.
2. Oise, cant. de Ressons.
3. Oise, cant. de Ribécourt.
4. Arch. nat., JJ 131, n° 208.
5. Arch. nat., P 27², n° LXXVIII.
6. Oise, cant. d'Estrées-Saint-Denis, comm. de Remy.
7. Bibl. nat., ms. fr. 31938, fol. 446.
8. Margny-les-Compiègne, Oise, cant. de Compiègne.
9. Oise, cant. d'Auneuil.
10. Oise, cant. de Compiègne.
11. P. Anselme, *Histoire généalogique*, t. VI, p. 660 et 661.

sur son sceau un écu gironné de douze pièces, au lambel[1]. Un autre sceau, apposé en 1365[2], présente exactement les mêmes armes que l'on retrouve encore sur le sceau commun dont se servaient Jean de Chambly et Guy de Beaumont, en 1367, dans l'exercice de leurs fonctions de commis à recevoir les montres des gens d'armes. Le livre des aveux du comté de Clermont renferme le blason de Blanche de Nesle, veuve de Guy de Beaumont[3] : *mi-parti au 1er gironné d'argent et de gueules, au lambel d'azur ; au 2e de gueules, semé de trèfles d'or, à deux bars adossés du même*[4].

Guy de Beaumont appartenait à la famille des seigneurs de Beaumont-en-Gâtinais[5], dont les différentes branches portaient le gironné *d'argent et de gueules*, *d'or et de gueules*, et *d'argent et de sable*, se distinguant les unes des autres en variant les émaux[6].

14° Messire Anthoine de Coudun. — Fief à Choisy-au-Bac[7].

Pennon. *De... à la fasce de...* (dessin au trait, à peine indiqué).

Depuis la fin du XIIe siècle, les sceaux des seigneurs de Coudun[8] portent un blason à la fasce[9], et nous savons par les armoriaux que cette fasce était d'*argent* sur *gueules*[10].

1. Demay, *Inventaire des sceaux de la collection Clairambault*, n° 787.
2. Bibl. nat., Pièces originales 247, dossier 5436. — M. Roman (*Inventaire des sceaux des Pièces originales*, n° 1133) a oublié d'indiquer le lambel. Cette brisure convient à Guy de Beaumont, cadet des seigneurs de Clichy.
3. Blanche de Nesle, fille de Jean, seigneur d'Offémont, et d'Ade de Mailly (voir ci-devant, article I de notre *Armorial*), avait épousé en premières noces Raoul de Flavy, devenue veuve de Guy de Beaumont, elle se remaria, en troisièmes noces, à Hector de Chartres (P. Anselme, *Histoire généalogique*, t. VI, p. 51).
4. Bibl. nat., ms. fr. 20082, p. 337 et 338. — Luçay, *op. cit.*, p. 329.
5. Seine-et-Marne, cant. de Château-Landon.
6. J'ai parlé de ce blason, avec quelques détails, dans un mémoire, intitulé *L'illustration héraldique du Chansonnier du Roi*, qui fait partie des *Mélanges de linguistique et de littérature offerts à M. Alfred Jeanroy* (p. 530-532).
7. Oise, cant. de Compiègne.
8. Oise, cant. de Ressons.
9. Bibl. nat., ms. fr. 5470, p. 152 ; 5473, p. 126 et 149 ; 5479, p. 15. — Douët d'Arcq, *Collection de sceaux des Archives de l'Empire*, n° 924. — Peigné-Delacourt, *Histoire de l'abbaye d'Ourscamp*, pl. A.
10. Bibl. nat., ms. fr. 32753, p. 88 ; Pièces originales 876, dossier 19695, fol. 12 et 13.

Dans le livre des aveux de Clermont est mentionné Guillemin de Coudun avec les mêmes armes brisées (*de gueules à la fasce d'argent accompagnée de trois merlettes du même, rangées en chef*)[1].

15° MESSIRE DE TEROTE ET DE HONECOURT. — Fiefs à Thourotte et Cambronne[2].
Bannière. *De gueules au lion d'or.*

Le nom de baptême du chevalier banneret qui tenait le fief de Thourotte ne nous est pas donné et la généalogie de sa maison n'est pas établie avec assez de précision chronologique pour que nous puissions, avec quelque chance de succès, essayer de suppléer à cette omission.

Jean, châtelain de Thourotte, seigneur de Honnecourt[3] en Cambrésis, avait eu, entre autres enfants, d'Agnès de Loisy : 1° un fils, Gaucher de Thourotte, de qui la fille unique Jeanne, mariée au vidame de Chartres, mourut sans postérité ; 2° une fille, Roberte, qui épousa Pierre de Cramailles[4]. En 1386, la succession de la vidamesse de Chartres était disputée devant le Parlement entre son grand-oncle, Guérard de Thourotte, frère de Jean, et son cousin germain Guy de Cramailles, fils de Roberte de Thourotte[5].

Les sceaux des châtelains de Thourotte, issus des châtelains de Noyon, ont été armoriés d'abord d'une fasce seulement, puis d'une fasce et d'un lion, enfin d'un lion seulement[6]. Dans notre *Armorial* du XVe siècle, on lit : « Le sire de Tourotte, *de gueles a un lion d'or*, et crie son nom[7]. »

1. Bibl. nat., ms. fr. 20082, fol. 394. — Luçay, *op. cit.*, p. 401.
2. Oise, cant. de Ribécourt.
3. Nord, cant. de Marcoing.
4. P. Anselme, *Histoire généalogique*, t. II, p. 150 et 151. — Le Charpentier, *Histoire généalogique de la noblesse des Païs-Bas*, t. II, p. 1036-1038. — Peigné-Delacourt, *Histoire de l'abbaye d'Ourscamp*, p. 67-73. — Ledru, *La maison de Mailly*, t. I, p. 110.
5. Arch. nat., X1a 34, fol. 147 v°-149.
6. Bibl. nat., ms. lat. 5462, p. 145, 154, 164 et 176 ; 17029, p. 176. — Demay, *Inventaire des sceaux de Picardie*, n° 1024. — Du même, *Inventaire des sceaux de la Flandre*, nos 1651, 5556 et 5557. — Du même, *Inventaire des sceaux de la collection Clairambault*, n° 8878. — Peigné-Delacourt, *op. cit.*, pl. A, E, J et M (les figures de ces quatre planches sont très mauvaises). — Gordière, *Le prieuré de Saint-Amand*, p. VI, pl. II. — Guynemer, *La seigneurie d'Offémont*, p. 34 et 35.
C'est le lion seul que l'on voyait sur le tombeau, élevé en l'église de l'abbaye d'Ourscamp, de Jean, châtelain de Thourotte et seigneur de Honnecourt, dont

16° MESSIRE GERAT DE THOROTE. — Fief à Thourotte. Pennon. *De gueules au lion d'or.*

Voir sur Guérard de Thourotte et les armes de sa maison, l'article précédent.

17° MESSIRE MAHIEU DE HANGES[T]. — Fief à Thourotte. Pennon. *D'argent à la croix de gueules, chargée de cinq coquilles d'or et accompagnée d'une merlette de gueules au premier canton* [1].

Mahieu (ou Mathieu) de Hangest, troisième fils de Jean de Hangest, seigneur de Genlis [2] et de Magny [3], et de Marie de Vignemont, devint le chef de sa branche, après la mort sans postérité de ses frères Aubert et Jean. Marié à Jeanne de Soyecourt, il a vécu au moins jusqu'en 1402 [4]. Il est mentionné dans le livre des aveux de Clermont [5] avec les armes des Hangest-Genlis (la croix chargée de cinq coquilles) [6], sans la merlette que l'on voit ici. Cette merlette (surbrisure) a dû disparaître quand Mathieu est devenu l'aîné de sa branche. Son sceau, en 1383, porte également la croix et les coquilles ; il n'y a pas surbrisure [7].

le dessin nous a été conservé par Gaignières (Bibl. nat., Cabinet des Estampes, Pe 1 e, fol. 68. — Guibert, *Les dessins d'archéologie de R. de Gaignières*, 1re série, n° 1100). Notons que, dans ce dessin, la mort de Jean de Thourotte est datée de 1325, tandis qu'une copie de l'inscription, prise également pour Gaignières, le fait mourir en 1335 (Bibl. nat., ms. lat. 5473, fol. 26).

7. [*Voy. page précédente.*] Bibl. nat., ms. fr. 32753, p. 88.

1. Il n'y a pas de merlette et le croisillon de la croix est raccourci dans la figure publiée par M. Guynemer, qui nomme « Mahieu de Langes » le propriétaire du blason (*La seigneurie d'Offémont*, pl. VII).

2. Genlis, aujourd'hui Villequier-Aumont, Aisne, cant. de Chauny.

3. Magny, aujourd'hui Guiscard, Oise, ch.-l. de cant.

4. Arch. nat., P 27², nos 78 et 78 *bis* ; P 47¹, n° 641 ; P 50², n° 1235 ; X1c 15 (29 novembre 1364, 20 mars 1365) ; X1c 16 (22 décembre 1367) ; X1c 42 (8 mai 1381) ; X1c 43 (16 juillet 1381). — [J.-A. de Seiglière, marquis de Soyecourt], *Livre généalogique et chronologique des seigneurs et marquis de Soyecourt*, p. 18. — P. Anselme, *Histoire généalogique*, t. VI, p. 745. — Delisle, *Le Cabinet des manuscrits*, t. II, p. 370.

Mathieu de Hangest serait mort en 1390, d'après A. Dufour (*Villequier-Aumont*, dans les *Procès-verbaux et mémoires du Comité archéologique et historique de Noyon*, t. VII, 1885, p. 23). Cette date ne semble pas acceptable.

5. Bibl. nat., ms. fr. 20082, p. 350 et 358. — Luçay, *op. cit.*, p. 334.

6. Les coquilles que portaient les seigneurs de Genlis constituaient déjà une brisure. Les seigneurs de Hangest-en-Santerre et de Davenescourt, leurs aînés portaient une simple croix.

7. Demay, *Inventaire des sceaux de la collection Clairambault*, n° 4443.

18° Le seigneur de Vuignemont. — Fiefs à Thourotte et à Braisnes-sur-Aronde[1].

Pennon. *D'or à trois tourteaux de sable.*

Ce seigneur de Vignemont[2] était de la famille de Lesglantier[3], dont il portait les armes brisées par changement d'émaux. On trouve « le seigneur de Vignemont », comme ici, sans prénom, mentionné, avec les mêmes armoiries, dans le livre des aveux de Clermont[4]. Les Lesglantier portaient pour armes plaines, *d'argent à trois tourteaux de gueules*[5]. D'après les aveux de Clermont, Guérard, dit Tartarin, de Lesglantier brisait ce blason d'un lambel d'azur, Henri de Lesglantier portait de même ; Mahieu de Lesglantier brisait d'une bordure d'azur ; Ansel de Lesglantier portait le champ d'or, les tourteaux d'azur ou de sable et, de plus, un lambel de gueules[6].

Le sceau de Flament, seigneur de Vignemont, chevalier, apposé à un acte du 4 septembre 1367 (?)[7] et à un autre du 7 août 1369, porte trois tourteaux[8], et le héraut Navarre a inscrit la mention suivante dans son *Armorial* : « M. Flament de l'Esglantier, *d'or a trois tourteaulx noirs*[9]. » A la même époque, le 15 mai 1375, « Gilles de l'Esglantier, seigneur de Vignemont », figure au nombre des vassaux de Mouchy-le-Châtel[10]. *Flament* serait-il le surnom de *Gilles*?

19° Le seigneur de Franssures. — Fief à Thourotte.

Bannière. *D'argent à la fasce de gueules chargée de trois besants d'or, et au lambel d'azur.*

Jean, sire de Fransures[11], prit part aux guerres anglaises,

1. Oise, cant. de Ressons.
2. *Ibid.*
3. Aujourd'hui Léglantiers, Oise, cant. de Maignelay. — Voir Leblond, *Notes pour le nobiliaire du Beauvaisis*, p. 251-254.
4. Bibl. nat., ms. fr. 20082, p. 230, 282, 490, 495 et 501. — Luçay, *op. cit.*, p. 404.
5. *Armorial* du héraut Navarre, édit. Douët d'Arcq, n° 965. — Bibl. nat., ms. fr. 32753, p. 91.
6. Ms. fr. 20082, p. 196, 197, 243, 307, 345, 346, 434, 488 et 546.
7. La date d'année est effacée.
8. Bibl. nat., Clairambault 113, pièces 27 et 29. — Demay, *Inventaire des sceaux de la collection Clairambault*, n° 9465. — Le blason, très grossièrement gravé, a été mal compris par Demay.
9. Édit. Douët d'Arcq, n° 966.
10. Arch. nat., P 31[3], n° CCVIII.
11. Somme, cant. d'Ailly-sur-Noye.

dans les armées de Charles V[1]. Nous avons plusieurs quittances de ses gages, qu'il a scellées. En 1364, le sceau porte un lambel ; en 1367 et 1378, il n'en porte pas[2]. Dans le livre des aveux de Clermont, le seigneur de « Fransieres » (il faut lire *Fransures*)[3] est indiqué comme tenant un fief à Épineuse[4], et la dame de « Fransieres[5] » comme tenant un fief à Tilloy[6]. Dans les deux cas, le blason de Fransures est *d'argent à la fasce de gueules chargée de trois besants d'or, au lambel d'azur*. Il en est de même dans l'*Armorial* du héraut Navarre[7]. Mais, dans le *Registre de noblesse*, le héraut Berry[8] ne donne pas le lambel, qui ne figure plus dans les armes des Fransures à l'époque moderne[9].

20° [J]EHAN DE HERLLEVILLE. — Fief à Antheuil[10].

Écu. *De... au chevron de... accompagné de trois feuilles de chêne de...* (dessin au trait).

La seigneurie de Herleville[11], relevant de celle de Chaulnes, était possédée en 1378 par Jean de Herleville[12], qui, en 1385[13], était vassal de Bouchavesnes[14] pour des biens situés à Estrées[15] et à Belloy[16]. Nous le trouvons plaidant au Parlement de Paris, en 1378 et en 1384[17].

Je ne connais de lui aucun sceau ; mais il s'en est conservé

1. Froissart, *Chroniques*, édit. Luce, t. VIII, p. 203 ; t. IX, p. 245, CI, etc.
2. Bibl. nat., Pièces originales 1239, dossier 27700, pièces 2-5 et 42 ; Clairambault 50, pièces 63-68. — Demay, *Inventaire des sceaux de la collection Clairambault*, n° 3811.
3. Bibl. nat., ms. fr. 20082, p. 389.
4. Oise, cant. de Clermont.
5. Bibl. nat., ms. fr. 20082, p. 319.
6. Somme, cant. de Conty.
7. Édit. Douët d'Arcq, n° 1140.
8. Édit. Vallet de Viriville, n° 1923.
9. Ainsi dans les Preuves pour Saint-Cyr (Bibl. nat., mss. fr. 32120, fol. 181 ; 32127, fol. 198) et dans les *Nobiliaires* officiels de Jérôme Bignon et de Louis de Bernage, intendants de Picardie.
10. Oise, cant. de Ressons.
11. Somme, cant. de Chaulnes.
12. Arch. nat., P 29², n° CLVI *bis*.
13. Aveu de Jean, comte de Boulogne et d'Auvergne (*Ibid.*, P 30¹, n° CLXXIII).
14. Somme, cant. de Péronne.
15. Somme, cant. de Chaulnes.
16. Belloy-en-Santerre, *ibid.*
17. Arch. nat., X¹ᶜ 28 (13 mai 1378) ; X¹ᶜ 48 (15 juin 1384) ; X¹ᶜ 49 (5 décembre 1384).

plusieurs d'autres membres de la famille de Herleville : on y voit plusieurs chevrons et un franc-canton d'hermine[1], c'est-à-dire un blason bien différent de celui que nous avons ici.

21° [G]AUVAIN DE DRYVE. — Fief à Vandelicourt[2].

Écu. *De... à la fasce de... accompagnée de trois trèfles de...* (dessin au trait).

Le nom de Dryve (que l'on pourrait lire *Dryue* ou *Dryne*) ne m'est pas connu. Dans le livre des aveux du comté de Clermont-en-Beauvaisis[3], on lit que « Gauvain de Dyve » tenait plusieurs fiefs à « Avregny » (aujourd'hui Avrigny)[4]. Or, *Dives* est le nom d'une localité du département de l'Oise (canton de Lassigny). Faut-il corriger *Dryve* en *Dive*? Faut-il penser que notre écuyer est le même que le propriétaire des fiefs d'Avrigny? Peut-être. Mais les armes que donne le livre des aveux de Clermont diffèrent sensiblement de ce que nous avons ici. Elles sont *de gueules à la fasce d'argent accompagnée de trois merlettes d'or rangées en chef*. Il y aurait erreur dans l'un ou dans l'autre cas.

Max PRINET.

1. Sceau de Pierre de Herleville, écuyer du bailliage de Vermandois, 11 septembre 1302 (Bibl. nat., Clairambault 59, pièces 119 et 120 ; Demay, *Inventaire des sceaux de la collection Clairambault*, n° 4631). Sceau de Tassart de Herleville, lieutenant à Roye du bailli de Péronne, Montdidier et Roye, 26 octobre 1446 (P. de Cagny, *Histoire de l'arrondissement de Péronne*, t. I, p. 741).
2. Oise, cant. de Ribécourt.
3. Bibl. nat., ms. fr. 20082, p. 203, 299 et 459.
4. Oise, cant. de Clermont.

IMPRIMERIE DAUPELEY-GOUVERNEUR, A NOGENT-LE-ROTROU. — 1930.

www.ingramcontent.com/pod-product-compliance
Ingram Content Group UK Ltd.
Pitfield, Milton Keynes, MK11 3LW, UK
UKHW020542180726
13839UKWH00006B/2670

9 782329 203133